LES
PUTAINS CLOITRÉES,

PARODIE

DES VISITANDINES,

EN DEUX ACTES,

ORNÉE DE GRAVURES.

A BICÊTRE,

ET SE TROUVE A PARIS, CHEZ TOUS LES LIBRAIRES
MARCHANDS DE NOUVEAUTÉS.

1797.

LES
PUTAINS CLOITRÉES.

Enfants chéris des dames.

LES

PUTAINS CLOITRÉES.

PARODIE

DES VISITANDINES,

EN DEUX ACTES,

ORNÉE DE GRAVURES

A BICÊTRE,

ET SE TROUVE A PARIS, CHEZ TOUS LES LIBRAIRES
MARCHANDS DE NOUVEAUTÉS.

—

1797.

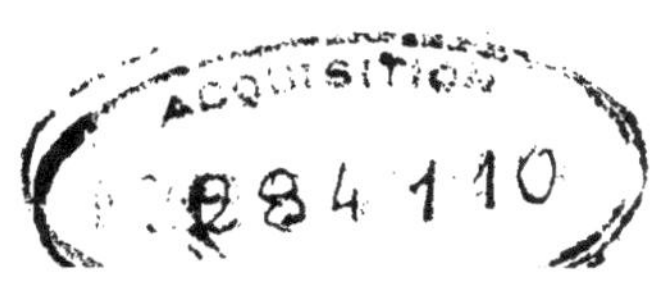

PRÉFACE DE L'ÉDITEUR.

*F*OUTRE *est de l'essence de la nature : chaque être porte en soi, plus ou moins, cette faculté générative pour laquelle nous sommes nés. Le plaisir qui provient de ces étroits embrassements et d'un commerce enchanteur, est le but que les deux sexes se proposent. On a beau couvrir du voile de la modestie les désirs et les passions, ils n'en agitent pas moins le cœur de la gente pucelle, ainsi que celui du cénobite le plus austère. Il n'est point de palliatif contre ce feu qui dévore notre existence, et qui donne la vie et fait mouvoir tout ce qui respire. C'est particulièrement chez les femmes, où se développent, avec le plus de grâce, ces sensations heureuses. Pour donner* *un terme honnête à cette passion, on a nommé coquetterie ce qui, exprimé dans son vrai sens, veut dire : besoin de foutre.*

Toutes les femmes possèdent à peu près les mêmes charmes, mais la coquetterie les embellit. Nos yeux, par qui l'âme reçoit ses premières sensations, brillent à l'aspect d'une de ces aimables coquettes au teint fleuri, à la taille légère et au pied mignon.

Aucune ville d'Europe ne renferme, comme Paris, toutes ces grâces que les poëtes, dans leur cerveau délirant, ont pris tant de plaisir à peindre. C'est vraiment là qu'est fixé l'asyle de l'amour ; c'est la véritable demeure des vainqueurs de Mars : aussi toutes les productions du génie français se ressentent-elles de ces voluptueuses influences. Collé, Piron, Grecourt, Voltaire, Robbé, la Fontaine même, cet homme de la nature, a pris plaisir d'employer ses crayons à des peintures lascives que l'on admire chaque jour. Au théâtre, le galant Favart a multiplié ces tableaux, en alliant la bienséance aux roses de la volupté. Tous ces jolis opéra-comiques sont autant de leçons d'amour et une arriette chantée avec grâce agite dans nos cœurs l'ardeur qui le brûle. L'on ne sort de ces représentations que pour rechercher le plaisir qu'elles nous inspirent. Pourquoi des esprits atrabilaires blâment-ils l'écrivain dont la plume légère et badine chante avec naïveté les plaisirs de l'amour? Pourquoi? C'est que ceux-là ne connaissent de ce dieu que les rigueurs: mais pour les amants heureux, ils aiment à entendre leurs plaisirs chantés par Apollon. C'est à ces amants heureux que nous offrons ce petit ouvrage, qui ajoutera un fleuron de plus à la couronne de Priape.

La jolie comédie des Visitandines *a donné lieu à cette parodie. La scène, au lieu de se passer dans un couvent, est transportée à Bicêtre.*

PERSONNAGES :

Vise-Cul père, apothicaire.

Vise-Cul fils.

Sublimé, valet de Vise-Cul fils.

Souple-Fesse, abbesse.

Conculie.

Sœur Tir-Lapine

Sœur Encule.

Sœur Patine.

Sœur Foutaise.

La Tourière.

Autres Putains.

Un Cocher de Fiacre.

Grégoire, faiseur de tisane

---

*Le théâtre représente la face de Bicêtre ..
une campagne... Il fait nuit, l'ouverture
annonce un orage.*

LES
PUTAINS CLOITRÉES,

PARODIE

DES VISITANDINES,

. EN DEUX ACTES.

———

ACTE PREMIER.

SCÈNE PREMIÈRE.

FOUTAISE, TIR-LAPINE.

TIR-LAPINE, *à sa croisée.*

AIR : *Il pleut.*

Il pleut, il pleut, Foutaise,

FOUTAISE.

Eh bien ! eh bien ! ma sœur :
Cela me rend bien aise.....

TIR-LAPINE.

Et moi, je meurs de peur :
A cause du tonnerre,
Mon amant, cette nuit,
Ne viendra pas, ma chère,
Me trouver dans mon lit.

FOUTAISE.

N'est-ce que pour ça que vous craignez ?
C'était bien la peine de me réveiller...

AIR : *Ce fut par la faute du sort.*

Vous m'avez fait, en m'éveillant,
Ma sœur, un bien cruel dommage,
Je faisais un rêve charmant,
Car je rêvais de pucelage.
Un vit, d'une énorme grosseur,
Dans mon con faisait son entrée.
Est-ce un péché, ma chère sœur,
De rêver qu'on est dépucelée.

TIR-LAPINE.

AIR : *Avec les jeux dans le village.*
Sur un fait de cette importance,
Ma sœur, je ne prononce pas,
Car c'est un cas de conscience...
Et, de plus, un fort vilain cas.

FOUTAISE.

Plut au Ciel, chère Tir-Lapine,
Que je n'eusse point rêvé, moi.
Hélas!.. ..
En m'éveillant, au lieu d'une pine,
Je n'ai plus trouvé que mon doigt.

TIR-LAPINE.

(*Le tonnerre gronde fort.*)

Ciel!... que devenir!...

FOUTAISE.

AIR : *Réveillez-vous.*

Allons, ma sœur, point de faiblesse,
Et tâchons de nous endormir.

TIR-LAPINE.

Allons plutôt chez Souple-Fesse.....
Notre déesse
Du plaisir.

SCÈNE II.

VISE-CUL, SUBLIMÉ.

VISE-CUL.

Eh bien ! Sublimé...

SUBLIMÉ.

Eh bien ! M. Vise-cul.

VISE-CUL.

Où sommes-nous ?

SUBLIMÉ.

Ma foi, monsieur, je n'en sais rien, mais je sais bien où je voudrais être...

VISE-CUL.

Où donc, s'il vous plaît ?

SUBLIMÉ.

Dans un bon lit, monsieur : la nuit est faite pour la passer auprès d'une jolie femme qu'on f..., et non pas pour courir les champs. Si je pouvais seulement... Ah ! monsieur, une auberge... si je ne me trompe...

VISE-CUL.

Eh bien ! entrons.... A propos... je n'ai pas le sou...

SUBLIMÉ.

Et vous êtes en peine pour payer, n'est-il pas vrai ? Avez-vous oublié votre état, M. Vise-Cul ? Vous donnerez des clystères.

VISE-CUL.

Oui, mais il faut trouver des malades....

SUBLIMÉ.

Nous en ferons...

VISE-CUL.

Soit ! ... (*Il sonne.*)

SCÈNE III.

LES MÊMES, LA TOURIÈRE.

LA TOURIÈRE.

Ah ! mon Dieu, quel bruit !

SUBLIMÉ.

Holà ! la fille, un bon feu, du vin et un bon lit.

LA TOURIÈRE.

Et pourquoi faire, grand Dieu ?

SUBLIMÉ.

Nous vous le dirons, quand nous y serons... Nous sommes deux jeunes vigoureux : si vous voulez tâter de nous, vous serez contente...

LA TOURIÈRE.

Ignorez-vous que c'est ici Bicêtre....

SUBLIMÉ.

AIR : *Tu croyais en aimant Colette*

Ah ! je vous servirai peut être,
Plus que je ne l'avais pensé :
L'on m'a toujours dit qu'à Bicêtre
L'on a besoin de Sublimé.

LA TOURIÈRE (*fermant brusquement la grille.*)

Oh ! les impertinents ! .. bonsoir...

SCÈNE IV.

SUBLIMÉ, VISE-CUL.

SUBLIMÉ.

Belle réception !

VISE-CUL.

Pourquoi, diable, vas-tu lui dire ton nom ?

SUBLIMÉ.

C'est que je croyais lui pouvoir être utile...
Mais vous-même, pourquoi diable vous avisez-
vous aussi de courir, quand tout le monde dort ?

Ah ! monsieur, quelle vie vous menez ! Vous n'avez que vingt-cinq ans, et qui sait si vous en vivrez encore deux...

VISE-CUL.

Pourquoi ?

SUBLIMÉ.

Pouvez-vous le demander ! ... depuis que vous volez de pays en pays, de bordel en bordel, de conquête en conquête...

VISE-CUL.

Je veux me mettre au régime, oui, je le sens Sublimé : j'ai moi-même besoin de toi... avec quelques bains... quelques pilules... etc... je serai en état, je crois, de reparaître aux yeux de mon père qui me croit mort de la v... . et quand je serai guéri, je me fixe à Paris, je prends une boutique, et j'en guérirai d'autres..

SUBLIMÉ.

M. Vise-Cul, votre père, vous cédera ses fonds. .

VISE-CUL.

Enfin, me voici dans mon pays. O ma chère Conculie ! comme tes appas doivent être embellis ! comme tes tetons, qui ne faisaient que

2

naître quand je te quittai, doivent être arrondis ! comme cette petite motte, entourée d'un léger duvet, doit être ombragée maintenant ! comme.....

SUBLIMÉ.

Comme vous vous extasiez : votre petite Conculie est peut-être plus formée que vous ne le désirez.... A Paris surtout..... il n'y a plus d'enfants... petites comme grandes en savent autant l'une que l'autre.... Tenez, ce fut elle qui vous causa cette petite aventure galante qui vous força de vous expatrier, et je crains bien que, de galanterie en galanterie, l'innocente, hélas ! en ait elle-même attrapé quelques unes. Partout le sexe est trompeur... vous en avez eu la preuve.... A Madrid, une femme vous aime, un jour suffit pour vous le faire apercevoir ; vous l'enfilez.... le mari, jaloux, nous attend au bas de l'escalier ; nous sommes forcés de sauter par la fenêtre, tenant encore en main la pauvre pomme du genre humain. A Rome, je reçois dans les couilles un coup de bistouri, donné heureusement avec maladresse. A Turin, déguisé en femme de chambre, votre maîtresse était pour femme : il faut s'esquiver. En Turquie, on veut m'empaler et vous mettre hors d'état d'enfiler la grande Sultane, en vous coupant les r..p....s.

VISE-CUL.

Enfin, que veux-tu? je le sais : les femmes m'ont perdu, mais est-ce de ma faute? Tiens, écoute :

AIR : *Enfants chéris des dames.*

On sait, pour plaire aux femmes,
Qu'il faut, en tout pays,
Présenter à ces dames
Toujours les plus gros vits.
Cavalier de belle apparence,
Tourné, moulé, fait au tour,
Devient plus sot que l'on ne pense
En montrant son bijou d'amour.
Ce bijou dont ils font vaillance
Est petit ou ne bande pas.
Le mien est à merveille.
J'entends à mon oreille
Le dieu Priape me dire tout bas :
On sait, pour plaire aux dames,
Qu'il faut, en tout pays,
Présenter à ces dames
Toujours les plus gros vits.

Ah ! le ciel me seconde :
Il n'est, j'en suis certain,
Aucun vit dans le monde
Aussi gros que le mien.
Me voici dans la France !
C'est à qui fout le mieux.
On fout avec aisance.
Dans ce climat heureux.

Non, il n'est point de climat plus heureux ;
   Car pour bien plaire aux femmes,
   Il faut, en ce pays,
   Présenter à ces dames
   Toujours les plus gros vits.

SUBLIMÉ.

Eh bien ! et cette Conculie, dont vous me parliez tout à l'heure...

VISE-CUL.

Oh ! c'est différent.

(On aperçoit de la lumière dans la chambre de Conculie)

SUBLIMÉ.

Monsieur, entendez-vous cette voix ?

CONCULIE, *dans sa chambre*

AIR

Quelqu'un viendra-t-il à mon aide,
Me délivrer de ma prison !
Demain je passe aux grands remèdes
   Pour la guérison,
     Me dit on,
Du mal... qui point ne m'obsède. .

VISE-CUL.

C'est quelque fille éprise d'amour, que ses parents auront fait enfermer là injustement...

CONCULIE.

Ah ! Vise-Cul, mon cher Vise-Cul..

VISE-CUL.

Elle prononce mon nom !...

CONCULIE.

AIR : *Non, je ne ferai pas ce qu'on veut que je fasse.*

Vise-Cul, si tu ne viens délivrer Conculie
J'en jure par l'amour, par le nœud qui nous lie,
Par ce doigt du milieu qui pourra me servir,
Que je vais me branler, décharger et mourir.

VISE-CUL.

C'est elle, ô Ciel !...

        (*Il va sous la fenêtre de Conculie*).

Ce serait faire injure à votre charmant con.
Au nom de mes amours, de toute ma tendresse,
De l'art avec lequel je sais mouvoir la fesse,
Au nom de tous les poils et de tous les plaisirs,
Que je faisais goûter à votre clitoris,
Tandis qu'il en est temps, ma charmante maîtresse,
Sachez vous dérober à cette honteuse ivresse :
Hélas ! ménagez-vous, gardez tout dans le coi,
Pour l'heureux instant où vous serez avec moi.

SUBLIMÉ.

C'est peine perdue, monsieur : elle ne vous
entend pas.... Il n'y a même plus de lumière

dans sa chambre, d'où je conclus qu'elle s'est
retirée...

VISE-CUL.

Sublimé! il me vient un projet dans la tête,
il faut me procurer des habits de femme.

SUBLIMÉ.

AIR : *Pourriez vous bien douter ?*

Et qu'en ferez vous, mon cher maître ?

VISE-CUL.

Vas, ne t'inquiète de rien,
Dès ce soir je suis à Bicêtre

SUBLIMÉ.

A présent je vous entends bien :
Vous aurez une chaudepisse...

VISE-CUL.

Oui, pour la guérir je viendrai.

SUBLIMÉ.

Prenez garde que l'artifice
Ne se change en réalité.

Ivrogne par lui-même.

SCÈNE V.

LES MÊMES, GRÉGOIRE, *ivre.*

GRÉGOIRE, *une lettre à la main.*

AIR : *Que le sultan Saladin.*

Que le père Florentin
Chez nous foule sa catin;
Que la vieille Souple-Fesse
Veuille encore parler tendresse
A notre vieux médecin;
C'est bien,
Très-bien,
Cela ne me blesse en rien :
Car moi je pense comme Grégoire,
J'aime mieux boire.

Du vin j'entends : car quoique je sois chargé
de faire les tisanes pour toutes ces innocentes..... je n'mettons pas seulement le doigt
d'dans pour goûter si ell'sont bonnes; il faut
aller chercher le père Florentin.... le père Florentin ... on dit.... ma foi je n'sais pas c'qu'on
dit... si c'n'est que le père... fou... fou... fou-
tons le camp : car je dois aller chercher aussi
mamsell'Silvie... rue de Valois, près celle de
Saint-Honoré : quel diable de quartier, à deux
lieues d'ici. C'est une charmante demoiselle ;
c'est la plus ancienne du quartier ; à présent
qu'elle ne peut pus... et aie et hue,... il...

VISE-CUL, *à Sublimé.*

Abordons-le, il pourra peut-être nous servir.

VISE-CUL.

Bonjour, l'ami.

GRÉGOIRE.

Bonjour, monsieur.

VISE-CUL.

Vous la connaissez donc cette demoiselle
Silvie....

GRÉGOIRE.

Oui, j'ai été chez elle de temps en temps... là,
vous m'entendez : jadis elle avait la main bien
douce ; mais vous devez la connaître aussi ; car
à bon vin point d'enseigne, comme dit le pro-
verbe.

VISE-CUL.

Peut-être bien que je la connais : si vous me
faisiez son portrait !

GRÉGOIRE.

AIR : *Éveillez vous belle endormie.*

1.

Voulez-vous connaître Silvie ?
Je vais vous la peindre à l'instant ;

Vous l'aimerez toute la vie
Après ce portrait ravissant.

2.

C'est une blonde intéressante,
D'environ.. . oui.... soixante ans :...
Dont l'air tendre et fripon, m'enchante,
Et vient embraser tous les sens.

3.

Elle n'a qu'un œil sur la face,
Encore est-il tout chassieux :
Mais dans cet œil est plus de grâce
Qu'il n'en fut jamais dans les cieux.

4.

Comme un petit four de campagne
Est la bouche de cet enfant ;
Lorsqu'un doux sourire l'accompagne :
C'est la trompe d'un éléphant

5.

Sa taille est fine, est élégante
Comme un muid de vin d'Orléans,
Et sur son dos est une pente
Qui tout près de ses reins descend.

6.

Voulez-vous la voir toute nue,
C'est le Ciel même à découvert :
Le ruisseau coulant dans la rue
N'est ni plus brillant, ni plus clair.

7.

Sa peau rude, ondoyante et lache,
Porne une écharpe en croupion,
Qui dans ses replis toujours cache
Puce, punaise ou morpion.

8.

Plus aucun vestige de fesse,
Du haut en bas tout est uni ;
Tout se dérobe avec adresse ;
Par pudeur tout est aplani.

9.

D'amour entrouvez-vous la rose,
A la largeur, c'est un volcan ;
A l'odeur ; c'est bien autre chose,
On se croit le nez sur du bran.

10.

En un mot, cette belle déesse
A tout ce qu'il faut pour charmer ;
Mais c'est le cœur d'une tigresse,
Qu'un p'tit écu sait apaiser.

SUBLIMÉ *à part, à Vise-Cul.*

Monsieur, excellente idée ! faites Silvie… et moi je ferai Florentin.

VISE-CUL.

Mais si cet homme…

SUBLIMÉ.

Bah! il aime le vin, emmenons-le dans quelque cabaret où nous l'empaumerons facilement ..

SCÈNE VI.

LES MÊMES, UN COCHER DE FIACRE, *ivre*.

Hola ! hé ! l'ami, n'est-ce point ici un endroit ousque je vais, ousque l'on dit com'ça qu'il y a de jeunes pucelles.

GRÉGOIRE.

Pucelles !.... à qui parlez-vous? passez vot'chemin, ivrogne.... tiens, l'autre, il est si saoul qu'il me prend pour une pucelle ! Vous ne vous y connaissez pas, l'ami : je suis le fai-seur de tisanes de Bicètre.

LE COCHER.

N'importe : je vais toujours vous dire pour-quoi t'est-ce faire que je viens... J'étais retenu par une demoiselle nommée Silvie, qui demeure rue de Valois, N° 20... 25... enfin le N°, n'y fait rien ; comme elle a des pratiques à faire encore aujourd'hui et demain, elle m'a chargé de vous remettre cette lettre et ce paquet...

(Vise-Cul s'empare de la lettre.)

GRÉGOIRE.

C'est bon, mon ami, vous m'avez évité une grande course....

LE COCHER.

Dis-moi, voisin : ne serait-il pas possible de tirer un coup par ici ?

GRÉGOIRE.

Diable m'emporte, je crois qu'il m'parle de boire un coup... Il n'en a pas assez : allez, songez plutôt à vos chevaux.

LE COCHER.

Mes chevaux !..... enfiler mes chevaux ! voyez l'impertinent ! ...

VISE-CUL.

Je vais terminer le différend, en les menant dans quelque cabaret. Holà ! hé ! mes amis, voulez-vous venir vous rafraîchir par ici ?.... Venez boire un verre de vin...

GRÉGOIRE.

Du vin !... ce mot-là me dégrise... Mais, dit,
donc, citoyen, j'ai oublié ma bourse...

VISE-CUL.

C'est moi qui paye, ne vous inquiétez de
rien...

GRÉGOIRE.

Vous payez !... (*héroïquement*) je vous suis.

FIN DU PREMIER ACTE.

ACTE II.

SCÈNE PREMIÈRE.

Le théâtre représente une chambre très-simple.
D'un côté, est un lit ; de l'autre, une table
couverte de pots remplis de tisanes : près du
lit est une vieille garde-malade.

M. VISE-CUL père, **CONCULIE** et la vieille
GARDE-MALADE.

M. VISE-CUL, *tenant une seringue à la main.*

AIR : *Si l'on pouvait rompre la chaîne.*

Allons, mettez-vous à votre aise,

CONCULIE, *se couchant sur le lit, le derrière*
tourné contre M. Vise-Cul.

Monsieur Vise-Cul, suis-je bien ?

VISE-CUL.

Oui.... desserrez, ne vous déplaise,
Les fesses... là... ne craignez rien.
Levez tant soit peu le derrière...
Personne plus adroitement,
Je vous le proteste, ma chère,
Ne sait donner un lavement.

CONCULIE.

Attendez un instant, de grâce.
Je tremble qu'il ne soit trop chaud.

VISE-CUL.

Oh ! puisque vous êtes en place,
Oui, j'attendrai bien, s'il le faut,
Quel cul ! il est dodu : j'espère...
Mes lunettes, mes yeux, d'honneur,
Ne me suffisent pas, ma chère,
Pour en admirer la blancheur.

Avouez belle Conculie, que mon fils l'a manié
plus d'une fois...

CONCULIE.

Ah ! monsieur, que dites-vous là ?

VISE-CUL.

La vérité : je sais que c'est pour l'avoir aimé
que vos parents vous ont fait enfermer ici.
            (*Il caresse les fesses de Conculie.*)
Eh ! le coquin n'était pas malheureux...

Avouez que mon fils l'a manié plus d'une fois.

CONCULIE.

Croyez, monsieur, que jamais... allons, don-
nez-moi le lavement : il pourrait aussi devenir
par trop froid.

VISE-CUL.

Vous avez raison, et les deux extrêmes ne
valent rien : il faut dans tout un juste milieu...
surtout pour donner un lavement ; mais je
tiens une boutique d'apothicaire depuis trente
ans, et je connais mon métier... ouvrez la
bouche... allons... la canulle est-elle dedans?

CONCULIE.

Ah ! ah ! elle enfonce...

VISE-CUL.

C'est fait.... couchez-vous à présent, et re-
tenez-le le plus longtemps que vous pourrez ..
je m'en vais en donner autant à madame Souple-Fesse... (A la garde-malade), est-elle
visible ?

LA GARDE-MALADE.

Non, monsieur : elle eût désiré que vous
vinssiez un peu plus tard, parce qu'il doit nous
arriver ici tantôt une novice de la rue Saint-
Honoré, à qui les médecins ont conseillé de
passer aux grands remèdes...

VISE-CUL.

Eh bien ! je reviendrai, je verrai en même temps toutes mes autres malades. Je m'enfuis, car j'ai vingt clystères à donner encore dans la ville. Bonjour ma Conculie : sans adieu, ma vieille.

(Vise-Cul sort, la vieille le reconduit.)

SCÈNE II.

CONCULIE, *seule.*

M. Vise-Cul ne l'a que trop bien deviné; son fils l'a manié plus d'une fois ce cul qui vient de s'offrir à ses lunettes... hélas ! je n'ai plus ce bonheur... mon amant court le monde: il ne me reste plus que son portrait... Il faut me contenter, en l'admirant, de me branler. . me voilà seule... je puis à mon aise...

AIR : *Une petite fillette.*

La semence la plus pure
Va couler de mon conin :
Mais hélas ! au lieu de peinture,
Que ne tiens je son engin :
      (Elle se branle).
Et aie, et hue,
Et aie, et hue,
Et hue et pousse. .

Et v'là comme on décharge.
Ah ! Conculie, ah! qu'as-tu fait?
Dans le f.....nage son portrait...
Ah ! qu'il est bien comme il est là !
Le joli portrait que voilà...
Le joli portrait que voilà...

Mais que l'original eût été encore bien mieux...

On sonne : cachons ce portrait, fuyons... allons dans ma garde-robe, je sens mon lavement prêt à opérer ; et, d'ailleurs, ce n'est que quand je suis seule, que je peux causer avec lui. (*Elle entre dans sa garde-robe*).

———

SCÈNE III.

La vieille GARDE-MALADE, GRÉGOIRE, *ivre*, VISE-CUL *déguisé en femme*.

LA GARDE-MALADE.

Eh bon Dieu ! quel train ! on dirait que le mercure fait remuer toute la maison : ah! c'est vous, Grégoire...

GRÉGOIRE.

Oui, ma chère Gribiche, j'vous amène mam-

sell' Silvie, parce qu'on m'a dit qu'elle logerait
ici avec mamsell' Conculie...

GRIBICHE.

Oh ! comme elle paraît douce et aimable...
entrez, mademoiselle...
Dam ! elle est faite pour être à Bicètre...

GRIBICHE.

L'on vous attendait avec bien de l'impatience:
(*elle l'embrasse*). Vous logerez avec mamselle
Conculie qui... mais je cours chercher madame
Souple-Fesse.

VISE-CUL, *l'arrêtant.*

Que disiez-vous de Conculie?...

GRIBICHE.

Elle n'est ici qu'à cause d'un certain Vise-
Cul..., un petit libertin qu'elle aime...

VISE-CUL.

Vous l'a-t-elle dit!...

GRIBICHE.

Non, mais c'est un bruit qui court tout Bicètre ; et puis, d'ailleurs, je vois ça, moi : vous
sentez bien qu'à mon âge on a de l'expérience.

VISE-CUL.

Comment la mère, est-ce que vous auriez passé par-là ?

GRIBICHE.

AIR : *Des Visitandines*.

1.

Je n'y pense plus sans frémir :
Vous saurez un jour, mon amie
Combien de peine le plaisir
Me laissa pour toute la vie.
Le Ciel, en nous donnant un con,
Nous fit un présent bien funeste :
J'en ressentis tout le poison (*bis*.)
Daignez m'épargner le reste. (*bis.*)

2.

J'ai reçu bien innocemment
Le jour à la Salpêtrière,
D'un jeune abbé, bien fait, charmant,
Je fixai les yeux la première :
Il vint me voir un beau matin;
Et avec un air tout céleste,
Il me donna .... chancres ..,. poulains. (*bis*)
Daignez m'épargner le reste (*bis*).

Mais adieu, mademoiselle, notre entretien a tant de charmes pour moi, qu'on oublie tout auprès de vous; je cours avertir madame Souple-Fesse : ne vous dérangez pas, je vous en prie.

SCÈNE IV.

VISE-CUL, GRÉGOIRE.

GRÉGOIRE.

Ah ça ! monsieur, vous voilà dans le paradis
de Mahomet : prenez garde de faire des sottises,
au moins... Oh, dam ! c'est que, si toutes ces
femelles savaient tout ce que ce jupon couvre...
je ne répondrais plus de vous : chacune vou-
drait en tâter, et j'vous promets bien qu'il n'sor-
tirait pas sain et sauf d'ici...

VISE-CUL.

Oh ! je veux être fidèle à ma Conculie, jusqu'à
la mort.

AIR : *Triste raison.*

J'ai bien souvent juré de ne plus foutre ;
Si j'ai trahi de semblables serments,
C'est que mon vit, aussi dur qu'une poutre,
Dans ma culotte était toujours bandant.

Et tu sens bien que cela me gênait, il fallait
bien apaiser les feux...

GRÉGOIRE.

J'ai bien souvent juré de ne plus boire,
Si j'ai trahi de semblables serments,
C'est qu' le gosier de l'ivrogne Grégoire,
Com' vot' vit était toujours brûlant

Et vous sentez bien que cela me gênait, il
fallait bien apaiser les feux.

ENSEMBLE.

Mais à présent,
C'est bien différent,
Mes serments
Tiendront plus longtemps.

GRÉGOIRE.

Chut! voilà la mère Gribiche, qui revient
avec madame Souple-Fesse.

VISE-CUL.

Souviens-toi de ce que tu dois dire.

GRÉGOIRE.

Pour vous, vous êtes instruit.

VISE-CUL.

Je sais mon rôle, comme si j'avais été putain
toute ma vie.

SCÈNE V.

Les précédents, SOUPLE-FESSE, mère GRIBI-
CHE, DEUX JEUNES FILLES.

GRIBICHE, *parlant de la coulisse.*

Oui, madame, charmante en vérité, ou du
moins, on voit qu'elle le fut jadis.

SOUPLE-FESSE, *à Vise-Cul qui veut se lever.*

Restez, ma chère enfant : je n'aime pas
qu'on se dérange pour moi, surtout quand on
est malade... Apportez-moi un godemiché...

GRIBICHE, *tirant un godemiché.*

Le voici, madame.

LA PREMIÈRE JEUNE FILLE.

N'est-ce pas un godemiché que madame demande ? Le voilà.

LA SECONDE.

Rangez-vous donc, Grégoire, que je donne
un godemiché à madame.

SOUPLE-FESSE.

Oh! j'ai le mien sur moi.., C'est bon... Eh
bien ! Grégoire, le père Florentin.

GRIBICHE.

Ah! le père Florentin, comment se porte-t-il,
Grégoire.

GRÉGOIRE.

Bien doucement, madame : il a encore pris
des pilules ce matin.

GRIBICHE.

Que Dieu nous le conserve ! vous ne con ·
naissez pas le père Florentin, mamselle Silvie,
c'est un carme, jugez comme il bande : c'est
un homme qui ne passait pas une heure sans
tirer un coup ou deux, plus ou moins.

VISE-CUL.

Et quelle est donc sa maladie ?

GRIBICHE.

Hélas! il a la chaudepisse...

GRÉGOIRE.

Cordée, mamselle, cordée : et comme il ne
pourra pas encore foutre de sitôt, il a engagé

4

le père Vit-Grand à venir vous demander à
déjeuner ce matin...

SOUPLE-FESSE.

Comment! à déjeuner, et rien n'est prèt
encore? en vérité, vous ne pensez à rien...

GRIBICHE.

Eh bien ! madame, j'y vais, j'y vais.

GRÉGOIRE.

Madame n'a plus rien à m'ordonner...

SOUPLE-FESSE.

Ce soir, ma tisane... demain mon petit
lait...

———

SCÈNE VI.

SOUPLE-FESSE, VISE-CUL.

SOUPLE-FESSE.

Mais, en vérité, plus je vous examine, et
plus je me persuade que votre médecin a voulu
me ménager une surprise agréable.

VISE-CUL.

Comment donc cela, madame !

SOUPLE-FESSE.

C'est que vous ne ressemblez pas du tout au portrait qu'il m'a fait de vous dans sa lettre.

VISE-CUL.

Est-il possible ?

SOUPLE-FESSE, *lisant la lettre.*

« C'est une blonde intéressante, d'environ soixante ans...

VISE-CUL

Oh ! oh ! j'ai dix-huit ans, madame.

SOUPLE-FESSE, *lisant.*

» Elle n'a qu'un œil sur la face, encore
» est-il tout chassieux...
(Oh ! oh !)
» Plus aucun vestige de fesse : du haut en
» bas tout est uni...
(Oh ! oh !)
» Je vous demande si cela peut vous con-
» venir. »

Toute la lettre se ressemble.....

VISE-CUL.

C'est que monsieur le docteur n'avait pas
mis ses lunettes.

SOUPLE-FESSE.

Pour moi, je vous trouve bien...

VISE-CUL.

AIR : *A faire*.

D'ailleurs,
Si je n'ai pas les mêmes charmes
Que toutes les putains, j'ai leurs armes.
Mieux qu'un autre, je sais aiguillonner un vit.
Et, si j'ose le dire, enfin, foutre en esprit.
Pour apaiser les gens d'un naturel farouche,
Tantôt, de tout mon cœur, me faisant foutre en bouche
Tantôt serrant la cuisse, et resserrant le con,
A peine tolérer qu'on baise un seul teton.

SCÈNE VII.

Les précédentes, TOUTES LES PUTAINS.

GRIBICHE.

Venez, mesdemoiselles, la voilà.

SOUPLE-FESSE.

Allons, embrassez-la toutes.

VISE-CUL.

J'allais faire les avances...

TIR-LAPINE.

Je sens, en l'embrassant, un certain chatouil-
lement.

FOUTAISE.

Si elle eût été cette nuit ici.... mais d'où
vient que mon con me démange.

SOUPLE-FESSE.

Il faut vous gratter, Foutaise.

FOUTAISE.

C'est ce que je vais faire aussi.

[*Elle va se mettre dans un coin, et se branle*].

CONCULIE (*au moment où Vise-cul va pour
l'embrasser, elle le reconnaît, jette un cri de
surprise, et tombe évanouie dans ses bras.*)

Ah! ah! ah! je me pame!...

VISE-CUL.

Ah! mon Dieu! mon Dieu! elle s'évanouit...

TIR-LAPINE.

Voici du vinaigre des quatre voleurs, de l'eau
de Cologne...

FOUTAISE.

Il faudrait plutôt de l'eau de f ....

SOUPLE-FESSE.

Ce que c'est que de nous... ce sont peut-être
ses affaires qui lui prennent... desserrez-là
donc.

VISE-CUL.

La voilà qui revient...

(*Gribiche la desserre*).

GRIBICHE.

Tenez, Mlle Conculie : voilà ce que j'ai trouvé
en vous desserrant : et mais... c'est un portrait...

TOUTES LES FILLES.

Oh ! le joli jeune homme ! quel plaisir j'au-
rais avec l'original !

SOUPLE-FESSE.

Me tromperais-je ! c'est le portrait de Silvie...

SOUPLE-FESSE.

Oui, voilà tous vos traits ; seulement ici vous êtes en fille, et là vous êtes en homme.

VISE-CUL.

C'est mon frère.... est-ce qu'il aurait possédé la jouissance de vos charmes !

CONCULIE.

Oui, autrefois, nous eûmes ensemble un petit commerce.

GRIBICHE.

Madame ! madame ! voici le père Hilarion.

SOUPLE-FESSE.

Mesdemoiselles, c'est un nouveau fouteur qui nous arrive ; prenez la posture qui vous convient en pareille circonstance, et que vos charmes à découvert, lui fassent, en entrant, tout-à-coup sensation.

(Toutes les filles s'asseoient, levant leurs jupons, écartant les cuisses, de manière qu'on voie leurs c...)

(Vise-Cul et Conculie à droite lèvent aussi leurs jupons, et, sans être aperçue des autres, Conculie tient en main le v.. de Vise-Cul et le branle.)

SCÈNE VIII.

LES PRÉCÉDENTES, SUBLIMÉ, *en carme.*

SUBLIMÉ, *entrant, les voit dans cette posture ; surpris, il lève sa robe ; et tirant son v.., il leur dit :*

AIR : *J'ai perdu mon âne.*

Je bande comme un carme,
Je bande comme un carme.

LES FILLES.

Ave, ave, père Vit-Grand.
Que Dieu vous le rende à l'instant.

SUBLIMÉ.

Je bande comme un carme,
Je bande comme un carme.

2.

Gentilles femelles,
Gentilles femelles.
En vous voyant l'on comprend bien,
Comment le père Florentin,
Vient de l'échapper belle,
Vient de l'échapper belle.

3.

Puisque vous voilà douze,
Puisque vous voilà douze.
L'une après l'autre, s'il vous plaît.

SOUPLE-FESSE.

Commencez par moi...

(*Sublimé enfile Souple-Fesse*).

LES FILLES.

C'est bien fait!...

SOUPLE-FESSE.

Ne soyez point jalouses. .
Ne soyez point jalou.. ou...ses...

GRIBICHE.

Voici le docteur...

(*Sublimé se retirant sur-le-champ*).

SOUPLE-FESSE.

Qu'il aille au diable : il arrive bien à propos.....

SCÈNE IX.

LES PRÉCÉDENTS, LE DOCTEUR.

Bonjour, mes belles malades.

VISE-CUL, fils.

O Ciel ! c'est mon père...

CONCULIE.

Je tremble...

VISE-CUL, père.

Eh bien ! comment se porte-t-on aujourd'hui?
(*Il va visiter chaque fille.*) Le chancre dispa-
raît, Foutaise. (*A une autre.*) Il n'y a plus
qu'une petite pustule..... Votre poulain se
referme, mamselle Tire-Lapine... Et vous,
madame, comment vous trouvez-vous?

SOUPLE-FESSE.

Ah ! monsieur, ce n'est pas de moi qu'il
s'agit à présent; c'est de notre nouvelle arri-
vée, mamselle Silvie... Tenez : la voilà, M. Vise-
Cul...

SUBLIMÉ.

Vise-Cul! c'est son père... Oh! j'ai la fièvre...

LE DOCTEUR, *à son fils.*

Eh bien ! qu'est-ce, ma chère enfant?... Vous
cachez cette jolie entrée du temple de Cithère...
N'ayez pas peur... (*Il lui passe la main sous le
jupon*). O Ciel! qu'est-ce que je touche-là !...
un vit !... Mesdames... ce n'est point une fille...
Que vois-je ! c'est mon fils !

C'est mon fils? Comment malheureux.

TOUTES.

Son fils!. .

VISE-CUL, père.

Comment, malheureux! depuis deux ans que
je ne t'ai vu, je te retrouve à Bicètre!... Et
quel est ce révérend père dont la figure est si
bien envermillonnée?...

SOUPLE-FESSE.

C'est le père Vit-Grand, que le père Florentin nous a envoyé à sa place pendant sa maladie...

VISE-CUL, père

Mais le père Florentin... je viens de le voir ;
il m'a dit qu'il se proposait de venir vous voir
aujourd'hui... (*Le docteur examinant Sublimé,
qui fait tout ce qu'il peut pour se cacher*).
Daignerez-vous nous expliquer, mon père.....
Comment, maraud, c'est toi!....

SOUPLE-FESSE.

Oh! traitez-mieux le père Vit-Grand.

VISE-CUL, père.

Il peut avoir le vit grand, mais c'est Sublimé,
le valet de chambre de la belle Silvie....

SOUPLE-FESSE.

O Ciel ! c'est un valet... moi qui...

SUBLIMÉ.

Eh bien, madame, vous avez dû voir si la
besogne commençait bien. Il ne tient qu'à vous
de la finir.

SOUPLE-FESSE.

Que faire à présent ?

VISE-CUL, père.

Ma foi, je n'en sais.

VISE-CUL, fils.

Mon père...

VISE-CUL, père.

Eh bien ?

VAUDEVILLE.

VISE-CUL, fils.

AIR : *Du vaudeville des Visitandines.*

1,

Mon père, dans cette retraite
Quoiqu'on veuille la retenir,
Ah! Conculie est femme honnête,
Sans risque on peut nous unir.
Oui, que notre hymen s'accomplisse,
Pour ma santé ne craignez rien,
Cher papa, je vous promets bien
Qu'elle n'a pas la chaudepisse.-

VISE-CUL, père.

2.

Allons, puisqu'à la bagatelle,
Maître fripon, depuis longtemps,
Tu t'es amusé avec elle,
Épouse-la donc, j'y consens.
On te passe cet artifice,
Si ton cœur est tant amoureux,
Avec elle il vaut encore mieux
Attraper quelque chaudepisse.

SUBLIMÉ.

3.

Adieu donc jeunes innocentes,
A regrets je m'éloigne de vous ;
Je n'ai pas trompé votre attente ;
Mieux que Vit-Grand, peut-être, je fous ;
Cependant entre nos services,
Ce qu'il y a de différend :
Je suis sain, et le père Vit-Grand
Vous donnera la chaudepisse.

FOUTAISE, *au public.*

4.

Avis à tous nos petits-maîtres,
Galants et coureurs de bordel :
Grande pension à Bicètre
Dont le renom est immortel.
Ah ! plutôt qu'elle vous pourrisse ;
Venez, accourez tous ici,
Radicalement on guérit,
La vérole et la chaudepisse.

IMPRIMÉ A DEUX CENT QUATRE EXEMPLAIRES
NUMÉROTÉS :

200 SUR PAPIER DE HOLLANDE.
  2 SUR PEAU VÉLIN.
  2 SUR PAPIER DE CHINE.

Nº 20

www.ingramcontent.com/pod-product-compliance
Lightning Source LLC
LaVergne TN
LVHW021759170726
843503LV00007B/2930